Dieses Trainingsbuch gehört:

Name: ....

Adresse: ....

Telefon: ....

Körper-Entwicklung

Vorher

Datum: ....

Brust: .... cm

Bizeps: .... cm

Bauch: .... cm

Oberschenkel: .... cm

Waden: .... cm

Gewicht: .... kg

Körperfett: .... %

Nachher

Datum: ....

Brust: .... cm

Bizeps: .... cm

Bauch: .... cm

Oberschenkel: .... cm

Waden: .... cm

Gewicht: .... kg

Körperfett: .... %

Ziele: _____

NOTIZEN:

2020

Januar

M	D	M	D	F	S	S
		1	2	3	4	5
6	7	8	9	10	11	12
13	14	15	16	17	18	19
20	21	22	23	24	25	26
27	28	29	30	31		

Februar

M	D	M	D	F	S	S
					1	2
3	4	5	6	7	8	9
10	11	12	13	14	15	16
17	18	19	20	21	22	23
24	25	26	27	28	29	

März

M	D	M	D	F	S	S
						1
2	3	4	5	6	7	8
9	10	11	12	13	14	15
16	17	18	19	20	21	22
23	24	25	26	27	28	29
30	31					

April

M	D	M	D	F	S	S
		1	2	3	4	5
6	7	8	9	10	11	12
13	14	15	16	17	18	19
20	21	22	23	24	25	26
27	28	29	30			

Mai

M	D	M	D	F	S	S
				1	2	3
4	5	6	7	8	9	10
11	12	13	14	15	16	17
18	19	20	21	22	23	24
25	26	27	28	29	30	31

Juni

M	D	M	D	F	S	S
1	2	3	4	5	6	7
8	9	10	11	12	13	14
15	16	17	18	19	20	21
22	23	24	25	26	27	28
29	30					

Juli

M	D	M	D	F	S	S
		1	2	3	4	5
6	7	8	9	10	11	12
13	14	15	16	17	18	19
20	21	22	23	24	25	26
27	28	29	30	31		

August

M	D	M	D	F	S	S
					1	2
3	4	5	6	7	8	9
10	11	12	13	14	15	16
17	18	19	20	21	22	23
24	25	26	27	28	29	30
31						

September

M	D	M	D	F	S	S
	1	2	3	4	5	6
7	8	9	10	11	12	13
14	15	16	17	18	19	20
21	22	23	24	25	26	27
28	29	30				

Oktober

M	D	M	D	F	S	S
			1	2	3	4
5	6	7	8	9	10	11
12	13	14	15	16	17	18
19	20	21	22	23	24	25
26	27	28	29	30	31	

November

M	D	M	D	F	S	S
						1
2	3	4	5	6	7	8
9	10	11	12	13	14	15
16	17	18	19	20	21	22
23	24	25	26	27	28	29
30						

Dezember

M	D	M	D	F	S	S
	1	2	3	4	5	6
7	8	9	10	11	12	13
14	15	16	17	18	19	20
21	22	23	24	25	26	27
28	29	30	31			

NOTIZEN:

DATUM:				Mo	DI	MI	DO	FR	SA	So

MUSKELGRUPPE: ....

ÜBUNG:		1	2	3	4	5	6	7
	KG							
	X							
	KG							
	X							
	KG							
	X							
	KG							
	X							
	KG							
	X							
	KG							
	X							
	KG							
	X							
	KG							
	X							
	KG							
	X							
	KG							
	X							

CARDIO	DAUER	STRECKE	KCAL	PULS

TRAININGSDAUER: _____   GEWICHT: _____

TRAININGSINTENSITÄT: LEICHT ☐   MITTEL ☐ SCHWER ☐

| DATUM: | | | | MO | DI | MI | DO | FR | SA | SO |
| MUSKELGRUPPE: | | | | | | | | | | |

ÜBUNG:		1	2	3	4	5	6	7
	KG							
	X							
	KG							
	X							
	KG							
	X							
	KG							
	X							
	KG							
	X							
	KG							
	X							
	KG							
	X							
	KG							
	X							
	KG							
	X							
	KG							
	X							

CARDIO	DAUER	STRECKE	KCAL	PULS

TRAININGSDAUER: _____ GEWICHT: _____

TRAININGSINTENSITÄT: LEICHT ☐ MITTEL ☐ SCHWER ☐

DATUM:			Mo	DI	Mi	Do	FR	Sa	So
MUSKELGRUPPE:									

ÜBUNG:		1	2	3	4	5	6	7
	KG							
	X							
	KG							
	X							
	KG							
	X							
	KG							
	X							
	KG							
	X							
	KG							
	X							
	KG							
	X							
	KG							
	X							
	KG							
	X							
	KG							
	X							

CARDIO	DAUER	STRECKE	KCAL	PULS

TRAININGSDAUER: _____ GEWICHT: _____

TRAININGSINTENSITÄT: LEICHT ☐ MITTEL ☐ SCHWER ☐

DATUM:		Mo	DI	MI	DO	FR	SA	So
MUSKELGRUPPE:								

ÜBUNG:		1	2	3	4	5	6	7
	KG							
	X							
	KG							
	X							
	KG							
	X							
	KG							
	X							
	KG							
	X							
	KG							
	X							
	KG							
	X							
	KG							
	X							
	KG							
	X							
	KG							
	X							

CARDIO	DAUER	STRECKE	KCAL	PULS

TRAININGSDAUER: _____ GEWICHT: _____

TRAININGSINTENSITÄT: LEICHT ☐ MITTEL ☐ SCHWER ☐

DATUM:	MO	DI	MI	DO	FR	SA	SO

MUSKELGRUPPE: ....

ÜBUNG:		1	2	3	4	5	6	7
	KG							
	X							
	KG							
	X							
	KG							
	X							
	KG							
	X							
	KG							
	X							
	KG							
	X							
	KG							
	X							
	KG							
	X							
	KG							
	X							
	KG							
	X							

CARDIO	DAUER	STRECKE	KCAL	PULS

TRAININGSDAUER: _____ GEWICHT: _____

TRAININGSINTENSITÄT: LEICHT ☐ MITTEL ☐ SCHWER ☐

DATUM:		MO	DI	MI	DO	FR	SA	SO

MUSKELGRUPPE: ....

ÜBUNG:		1	2	3	4	5	6	7
	KG							
	X							
	KG							
	X							
	KG							
	X							
	KG							
	X							
	KG							
	X							
	KG							
	X							
	KG							
	X							
	KG							
	X							
	KG							
	X							
	KG							
	X							

CARDIO	DAUER	STRECKE	KCAL	PULS

TRAININGSDAUER: _____   GEWICHT: _____

TRAININGSINTENSITÄT: LEICHT ☐   MITTEL ☐   SCHWER ☐

| DATUM: .... | MO | DI | MI | DO | FR | SA | SO |

MUSKELGRUPPE: ....

ÜBUNG:		1	2	3	4	5	6	7
	KG							
	X							
	KG							
	X							
	KG							
	X							
	KG							
	X							
	KG							
	X							
	KG							
	X							
	KG							
	X							
	KG							
	X							
	KG							
	X							
	KG							
	X							

CARDIO	DAUER	STRECKE	KCAL	PULS

TRAININGSDAUER: _____   GEWICHT: _____

TRAININGSINTENSITÄT: LEICHT ☐   MITTEL ☐ SCHWER ☐

DATUM:				MO	DI	MI	DO	FR	SA	SO

MUSKELGRUPPE: ....

ÜBUNG:		1	2	3	4	5	6	7
	KG							
	X							
	KG							
	X							
	KG							
	X							
	KG							
	X							
	KG							
	X							
	KG							
	X							
	KG							
	X							
	KG							
	X							
	KG							
	X							
	KG							
	X							

CARDIO	DAUER	STRECKE	KCAL	PULS

TRAININGSDAUER: _____   GEWICHT: _____

TRAININGSINTENSITÄT: LEICHT ☐   MITTEL ☐ SCHWER ☐

DATUM:				MO	DI	MI	DO	FR	SA	SO
MUSKELGRUPPE:										

ÜBUNG:		1	2	3	4	5	6	7
	KG							
	X							
	KG							
	X							
	KG							
	X							
	KG							
	X							
	KG							
	X							
	KG							
	X							
	KG							
	X							
	KG							
	X							
	KG							
	X							
	KG							
	X							

CARDIO	DAUER	STRECKE	KCAL	PULS

TRAININGSDAUER:_____ GEWICHT: _____

TRAININGSINTENSITÄT: LEICHT ☐ MITTEL ☐ SCHWER ☐

DATUM:		MO	DI	MI	DO	FR	SA	SO

MUSKELGRUPPE: ....

ÜBUNG:		1	2	3	4	5	6	7
	KG							
	X							
	KG							
	X							
	KG							
	X							
	KG							
	X							
	KG							
	X							
	KG							
	X							
	KG							
	X							
	KG							
	X							
	KG							
	X							
	KG							
	X							

CARDIO	DAUER	STRECKE	KCAL	PULS

TRAININGSDAUER: _____   GEWICHT: _____

TRAININGSINTENSITÄT: LEICHT ☐   MITTEL ☐ SCHWER ☐

DATUM:		MO	DI	MI	DO	FR	SA	SO

MUSKELGRUPPE:

ÜBUNG:		1	2	3	4	5	6	7
	KG							
	X							
	KG							
	X							
	KG							
	X							
	KG							
	X							
	KG							
	X							
	KG							
	X							
	KG							
	X							
	KG							
	X							
	KG							
	X							
	KG							
	X							

CARDIO	DAUER	STRECKE	KCAL	PULS

TRAININGSDAUER:_____ GEWICHT: _____

TRAININGSINTENSITÄT: LEICHT ☐ MITTEL ☐ SCHWER ☐

DATUM:	MO	DI	MI	DO	FR	SA	SO

MUSKELGRUPPE: ....

ÜBUNG:		1	2	3	4	5	6	7
	KG							
	X							
	KG							
	X							
	KG							
	X							
	KG							
	X							
	KG							
	X							
	KG							
	X							
	KG							
	X							
	KG							
	X							
	KG							
	X							
	KG							
	X							

CARDIO	DAUER	STRECKE	KCAL	PULS

TRAININGSDAUER: _____   GEWICHT: _____

TRAININGSINTENSITÄT: LEICHT ☐   MITTEL ☐ SCHWER ☐

DATUM:			Mo	DI	MI	DO	FR	SA	So

MUSKELGRUPPE:

ÜBUNG:		1	2	3	4	5	6	7
	KG							
	X							
	KG							
	X							
	KG							
	X							
	KG							
	X							
	KG							
	X							
	KG							
	X							
	KG							
	X							
	KG							
	X							
	KG							
	X							
	KG							
	X							

CARDIO	DAUER	STRECKE	KCAL	PULS

TRAININGSDAUER:_____ GEWICHT:_____

TRAININGSINTENSITÄT: LEICHT ☐ MITTEL ☐ SCHWER ☐

DATUM:			MO	DI	MI	DO	FR	SA	SO

MUSKELGRUPPE:

ÜBUNG:		1	2	3	4	5	6	7
	KG							
	X							
	KG							
	X							
	KG							
	X							
	KG							
	X							
	KG							
	X							
	KG							
	X							
	KG							
	X							
	KG							
	X							
	KG							
	X							
	KG							
	X							

CARDIO	DAUER	STRECKE	KCAL	PULS

TRAININGSDAUER: _____   GEWICHT: _____

TRAININGSINTENSITÄT: LEICHT ☐   MITTEL ☐ SCHWER ☐

ERFOLGSKONTROLLE

ABSOLVIERTE TRAININGSTAGE: [   ]

VORHER

DATUM: ....

BRUST: .... cm

BIZEPS: .... cm

BAUCH: .... cm

OBERSCHENKEL: .... cm

WADEN: .... cm

GEWICHT: .... kg

KÖRPERFETT: .... %

NACHHER

DATUM: ....

BRUST: .... cm

BIZEPS: .... cm

BAUCH: .... cm

OBERSCHENKEL: .... cm

WADEN: .... cm

GEWICHT: .... kg

KÖRPERFETT: .... %

NOTIZEN: _____

NOTIZEN:

DATUM:			MO	DI	MI	DO	FR	SA	SO

MUSKELGRUPPE: ....

ÜBUNG:		1	2	3	4	5	6	7
	KG							
	X							
	KG							
	X							
	KG							
	X							
	KG							
	X							
	KG							
	X							
	KG							
	X							
	KG							
	X							
	KG							
	X							
	KG							
	X							
	KG							
	X							

CARDIO	DAUER	STRECKE	KCAL	PULS

TRAININGSDAUER: _____ GEWICHT: _____

TRAININGSINTENSITÄT: LEICHT ☐ MITTEL ☐ SCHWER ☐

DATUM:				Mo	DI	MI	DO	FR	SA	So

MUSKELGRUPPE: ....

ÜBUNG:		1	2	3	4	5	6	7
	KG							
	X							
	KG							
	X							
	KG							
	X							
	KG							
	X							
	KG							
	X							
	KG							
	X							
	KG							
	X							
	KG							
	X							
	KG							
	X							
	KG							
	X							

CARDIO	DAUER	STRECKE	KCAL	PULS

TRAININGSDAUER: _____   GEWICHT: _____

TRAININGSINTENSITÄT: LEICHT ☐   MITTEL ☐ SCHWER ☐

DATUM:				MO	DI	MI	DO	FR	SA	SO

MUSKELGRUPPE: ....

ÜBUNG:		1	2	3	4	5	6	7
	KG							
	X							
	KG							
	X							
	KG							
	X							
	KG							
	X							
	KG							
	X							
	KG							
	X							
	KG							
	X							
	KG							
	X							
	KG							
	X							
	KG							
	X							

CARDIO	DAUER	STRECKE	KCAL	PULS

TRAININGSDAUER: _____   GEWICHT: _____

TRAININGSINTENSITÄT: LEICHT ☐   MITTEL ☐ SCHWER ☐

DATUM:	MO	DI	MI	DO	FR	SA	SO
MUSKELGRUPPE:							

ÜBUNG:		1	2	3	4	5	6	7
	KG							
	X							
	KG							
	X							
	KG							
	X							
	KG							
	X							
	KG							
	X							
	KG							
	X							
	KG							
	X							
	KG							
	X							
	KG							
	X							
	KG							
	X							

CARDIO	DAUER	STRECKE	KCAL	PULS

TRAININGSDAUER: _____   GEWICHT: _____

TRAININGSINTENSITÄT: LEICHT ☐   MITTEL ☐ SCHWER ☐

DATUM:				MO	DI	MI	DO	FR	SA	SO

MUSKELGRUPPE:

ÜBUNG:		1	2	3	4	5	6	7
	KG							
	X							
	KG							
	X							
	KG							
	X							
	KG							
	X							
	KG							
	X							
	KG							
	X							
	KG							
	X							
	KG							
	X							
	KG							
	X							
	KG							
	X							

CARDIO	DAUER	STRECKE	KCAL	PULS

TRAININGSDAUER: _____ GEWICHT: _____

TRAININGSINTENSITÄT: LEICHT ☐   MITTEL ☐ SCHWER ☐

DATUM:				MO	DI	MI	DO	FR	SA	SO
MUSKELGRUPPE:										

ÜBUNG:		1	2	3	4	5	6	7
	KG							
	X							
	KG							
	X							
	KG							
	X							
	KG							
	X							
	KG							
	X							
	KG							
	X							
	KG							
	X							
	KG							
	X							
	KG							
	X							
	KG							
	X							

CARDIO	DAUER	STRECKE	KCAL	PULS

TRAININGSDAUER: _____ GEWICHT: _____

TRAININGSINTENSITÄT: LEICHT ☐ MITTEL ☐ SCHWER ☐

DATUM:		Mo	DI	MI	DO	FR	SA	So

MUSKELGRUPPE:

ÜBUNG:		1	2	3	4	5	6	7
	KG							
	X							
	KG							
	X							
	KG							
	X							
	KG							
	X							
	KG							
	X							
	KG							
	X							
	KG							
	X							
	KG							
	X							
	KG							
	X							
	KG							
	X							

CARDIO	DAUER	STRECKE	KCAL	PULS

TRAININGSDAUER: _____   GEWICHT: _____

TRAININGSINTENSITÄT: LEICHT ☐   MITTEL ☐ SCHWER ☐

DATUM:		MO	DI	MI	DO	FR	SA	SO

MUSKELGRUPPE:

ÜBUNG:		1	2	3	4	5	6	7
	KG							
	X							
	KG							
	X							
	KG							
	X							
	KG							
	X							
	KG							
	X							
	KG							
	X							
	KG							
	X							
	KG							
	X							
	KG							
	X							
	KG							
	X							

CARDIO	DAUER	STRECKE	KCAL	PULS

TRAININGSDAUER: _____ GEWICHT: _____

TRAININGSINTENSITÄT: LEICHT ☐ MITTEL ☐ SCHWER ☐

DATUM:		MO	DI	MI	DO	FR	SA	SO
MUSKELGRUPPE:								

ÜBUNG:		1	2	3	4	5	6	7
	KG							
	X							
	KG							
	X							
	KG							
	X							
	KG							
	X							
	KG							
	X							
	KG							
	X							
	KG							
	X							
	KG							
	X							
	KG							
	X							
	KG							
	X							

CARDIO	DAUER	STRECKE	KCAL	PULS

TRAININGSDAUER: _____   GEWICHT: _____

TRAININGSINTENSITÄT: LEICHT ☐   MITTEL ☐ SCHWER ☐

| DATUM: .... | | MO | DI | MI | DO | FR | SA | SO |
| MUSKELGRUPPE: | | | | | | | | |

ÜBUNG:		1	2	3	4	5	6	7
	KG							
	X							
	KG							
	X							
	KG							
	X							
	KG							
	X							
	KG							
	X							
	KG							
	X							
	KG							
	X							
	KG							
	X							
	KG							
	X							
	KG							
	X							

CARDIO	DAUER	STRECKE	KCAL	PULS

TRAININGSDAUER: _____   GEWICHT: _____

TRAININGSINTENSITÄT: LEICHT ☐   MITTEL ☐ SCHWER ☐

| DATUM: | | | | MO | DI | MI | DO | FR | SA | SO |

MUSKELGRUPPE:

ÜBUNG:		1	2	3	4	5	6	7
	KG							
	X							
	KG							
	X							
	KG							
	X							
	KG							
	X							
	KG							
	X							
	KG							
	X							
	KG							
	X							
	KG							
	X							
	KG							
	X							
	KG							
	X							

CARDIO	DAUER	STRECKE	KCAL	PULS

TRAININGSDAUER: _____ GEWICHT: _____

TRAININGSINTENSITÄT: LEICHT ☐ MITTEL ☐ SCHWER ☐

DATUM:		MO	DI	MI	DO	FR	SA	SO

MUSKELGRUPPE: ....

ÜBUNG:		1	2	3	4	5	6	7
	KG							
	X							
	KG							
	X							
	KG							
	X							
	KG							
	X							
	KG							
	X							
	KG							
	X							
	KG							
	X							
	KG							
	X							
	KG							
	X							
	KG							
	X							

CARDIO	DAUER	STRECKE	KCAL	PULS

TRAININGSDAUER: _____   GEWICHT: _____

TRAININGSINTENSITÄT: LEICHT ☐   MITTEL ☐ SCHWER ☐

DATUM:		MO	DI	MI	DO	FR	SA	SO

MUSKELGRUPPE: ....

ÜBUNG:		1	2	3	4	5	6	7
	KG							
	X							
	KG							
	X							
	KG							
	X							
	KG							
	X							
	KG							
	X							
	KG							
	X							
	KG							
	X							
	KG							
	X							
	KG							
	X							
	KG							
	X							

CARDIO	DAUER	STRECKE	KCAL	PULS

TRAININGSDAUER: _____   GEWICHT: _____

TRAININGSINTENSITÄT: LEICHT ☐   MITTEL ☐ SCHWER ☐

DATUM:		MO	DI	MI	DO	FR	SA	SO

MUSKELGRUPPE: ....

ÜBUNG:		1	2	3	4	5	6	7
	KG							
	X							
	KG							
	X							
	KG							
	X							
	KG							
	X							
	KG							
	X							
	KG							
	X							
	KG							
	X							
	KG							
	X							
	KG							
	X							
	KG							
	X							

CARDIO	DAUER	STRECKE	KCAL	PULS

TRAININGSDAUER: _____   GEWICHT: _____

TRAININGSINTENSITÄT: LEICHT ☐   MITTEL ☐ SCHWER ☐

ERFOLGSKONTROLLE

ABSOLVIERTE TRAININGSTAGE: [   ]

VORHER

DATUM: ....

BRUST: .... cm

BIZEPS: .... cm

BAUCH: .... cm

OBERSCHENKEL: .... cm

WADEN: .... cm

GEWICHT: .... kg

KÖRPERFETT: .... %

NACHHER

DATUM: ....

BRUST: .... cm

BIZEPS: .... cm

BAUCH: .... cm

OBERSCHENKEL: .... cm

WADEN: .... cm

GEWICHT: .... kg

KÖRPERFETT: .... %

NOTIZEN: _____

NOTIZEN:

DATUM:					MO	DI	MI	DO	FR	SA	SO

MUSKELGRUPPE:

ÜBUNG:		1	2	3	4	5	6	7
	KG							
	X							
	KG							
	X							
	KG							
	X							
	KG							
	X							
	KG							
	X							
	KG							
	X							
	KG							
	X							
	KG							
	X							
	KG							
	X							
	KG							
	X							

CARDIO	DAUER	STRECKE	KCAL	PULS

TRAININGSDAUER:_____   GEWICHT:_____

TRAININGSINTENSITÄT: LEICHT☐   MITTEL ☐ SCHWER☐

DATUM:		MO	DI	MI	DO	FR	SA	SO

MUSKELGRUPPE: ....

ÜBUNG:		1	2	3	4	5	6	7
	KG							
	X							
	KG							
	X							
	KG							
	X							
	KG							
	X							
	KG							
	X							
	KG							
	X							
	KG							
	X							
	KG							
	X							
	KG							
	X							
	KG							
	X							

CARDIO	DAUER	STRECKE	KCAL	PULS

TRAININGSDAUER: _____   GEWICHT: _____

TRAININGSINTENSITÄT: LEICHT ☐   MITTEL ☐ SCHWER ☐

DATUM:		Mo	DI	MI	DO	FR	SA	So

MUSKELGRUPPE:

ÜBUNG:		1	2	3	4	5	6	7
	KG							
	X							
	KG							
	X							
	KG							
	X							
	KG							
	X							
	KG							
	X							
	KG							
	X							
	KG							
	X							
	KG							
	X							
	KG							
	X							
	KG							
	X							

CARDIO	DAUER	STRECKE	KCAL	PULS

TRAININGSDAUER: _____ GEWICHT: _____

TRAININGSINTENSITÄT: LEICHT ☐ MITTEL ☐ SCHWER ☐

DATUM:				MO	DI	MI	DO	FR	SA	SO

MUSKELGRUPPE:

ÜBUNG:		1	2	3	4	5	6	7
	KG							
	X							
	KG							
	X							
	KG							
	X							
	KG							
	X							
	KG							
	X							
	KG							
	X							
	KG							
	X							
	KG							
	X							
	KG							
	X							
	KG							
	X							

CARDIO	DAUER	STRECKE	KCAL	PULS

TRAININGSDAUER: _____   GEWICHT: _____

TRAININGSINTENSITÄT: LEICHT ☐   MITTEL ☐ SCHWER ☐

DATUM:				MO	DI	MI	DO	FR	SA	SO

MUSKELGRUPPE: ....

ÜBUNG:		1	2	3	4	5	6	7
	KG							
	X							
	KG							
	X							
	KG							
	X							
	KG							
	X							
	KG							
	X							
	KG							
	X							
	KG							
	X							
	KG							
	X							
	KG							
	X							
	KG							
	X							

CARDIO	DAUER	STRECKE	KCAL	PULS

TRAININGSDAUER: _____ GEWICHT: _____

TRAININGSINTENSITÄT: LEICHT ☐   MITTEL ☐ SCHWER ☐

| DATUM: | | | | MO | DI | MI | DO | FR | SA | SO |
| MUSKELGRUPPE: | | | | | | | | | | |

ÜBUNG:			1	2	3	4	5	6	7
	KG								
	X								
	KG								
	X								
	KG								
	X								
	KG								
	X								
	KG								
	X								
	KG								
	X								
	KG								
	X								
	KG								
	X								
	KG								
	X								
	KG								
	X								

CARDIO	DAUER	STRECKE	KCAL	PULS

TRAININGSDAUER: _____ GEWICHT: _____

TRAININGSINTENSITÄT: LEICHT ☐ MITTEL ☐ SCHWER ☐

DATUM:		MO	DI	MI	DO	FR	SA	SO

MUSKELGRUPPE:

ÜBUNG:		1	2	3	4	5	6	7
	KG							
	X							
	KG							
	X							
	KG							
	X							
	KG							
	X							
	KG							
	X							
	KG							
	X							
	KG							
	X							
	KG							
	X							
	KG							
	X							
	KG							
	X							

CARDIO	DAUER	STRECKE	KCAL	PULS

TRAININGSDAUER: _____ GEWICHT: _____

TRAININGSINTENSITÄT: LEICHT ☐ MITTEL ☐ SCHWER ☐

DATUM:	....	MO	DI	MI	DO	FR	SA	SO

MUSKELGRUPPE: ....

ÜBUNG:		1	2	3	4	5	6	7
	KG							
	X							
	KG							
	X							
	KG							
	X							
	KG							
	X							
	KG							
	X							
	KG							
	X							
	KG							
	X							
	KG							
	X							
	KG							
	X							
	KG							
	X							

CARDIO	DAUER	STRECKE	KCAL	PULS

TRAININGSDAUER: _____   GEWICHT: _____

TRAININGSINTENSITÄT: LEICHT ☐   MITTEL ☐ SCHWER ☐

DATUM:				MO	DI	MI	DO	FR	SA	SO
MUSKELGRUPPE:										

ÜBUNG:		1	2	3	4	5	6	7
	KG							
	X							
	KG							
	X							
	KG							
	X							
	KG							
	X							
	KG							
	X							
	KG							
	X							
	KG							
	X							
	KG							
	X							
	KG							
	X							
	KG							
	X							

CARDIO	DAUER	STRECKE	KCAL	PULS

TRAININGSDAUER:_____   GEWICHT: _____

TRAININGSINTENSITÄT: LEICHT ☐   MITTEL ☐ SCHWER ☐

DATUM:				MO	DI	MI	DO	FR	SA	SO
MUSKELGRUPPE:										

ÜBUNG:		1	2	3	4	5	6	7
	KG							
	X							
	KG							
	X							
	KG							
	X							
	KG							
	X							
	KG							
	X							
	KG							
	X							
	KG							
	X							
	KG							
	X							
	KG							
	X							
	KG							
	X							

CARDIO	DAUER	STRECKE	KCAL	PULS

TRAININGSDAUER: _____ GEWICHT: _____

TRAININGSINTENSITÄT: LEICHT ☐   MITTEL ☐ SCHWER ☐

DATUM:				MO	DI	MI	DO	FR	SA	SO

MUSKELGRUPPE:

ÜBUNG:		1	2	3	4	5	6	7
	KG							
	X							
	KG							
	X							
	KG							
	X							
	KG							
	X							
	KG							
	X							
	KG							
	X							
	KG							
	X							
	KG							
	X							
	KG							
	X							
	KG							
	X							

CARDIO	DAUER	STRECKE	KCAL	PULS

TRAININGSDAUER: _____   GEWICHT: _____

TRAININGSINTENSITÄT: LEICHT ☐   MITTEL ☐ SCHWER ☐

| DATUM: .... | | MO | DI | MI | DO | FR | SA | SO |
| MUSKELGRUPPE: .... | | | | | | | | |

ÜBUNG:		1	2	3	4	5	6	7
	KG							
	X							
	KG							
	X							
	KG							
	X							
	KG							
	X							
	KG							
	X							
	KG							
	X							
	KG							
	X							
	KG							
	X							
	KG							
	X							
	KG							
	X							

CARDIO	DAUER	STRECKE	KCAL	PULS

TRAININGSDAUER: _____   GEWICHT: _____

TRAININGSINTENSITÄT: LEICHT ☐   MITTEL ☐ SCHWER ☐

DATUM:		MO	DI	MI	DO	FR	SA	SO

MUSKELGRUPPE:

ÜBUNG:		1	2	3	4	5	6	7
	KG							
	X							
	KG							
	X							
	KG							
	X							
	KG							
	X							
	KG							
	X							
	KG							
	X							
	KG							
	X							
	KG							
	X							
	KG							
	X							
	KG							
	X							

CARDIO	DAUER	STRECKE	KCAL	PULS

TRAININGSDAUER:_____ GEWICHT:_____

TRAININGSINTENSITÄT: LEICHT ☐ MITTEL ☐ SCHWER ☐

DATUM:		MO	DI	MI	DO	FR	SA	SO

MUSKELGRUPPE: ....

ÜBUNG:		1	2	3	4	5	6	7
	KG							
	X							
	KG							
	X							
	KG							
	X							
	KG							
	X							
	KG							
	X							
	KG							
	X							
	KG							
	X							
	KG							
	X							
	KG							
	X							
	KG							
	X							

CARDIO	DAUER	STRECKE	KCAL	PULS

TRAININGSDAUER: _____   GEWICHT: _____

TRAININGSINTENSITÄT: LEICHT ☐   MITTEL ☐ SCHWER ☐

ERFOLGSKONTROLLE

ABSOLVIERTE TRAININGSTAGE: [   ]

VORHER

DATUM: ....

BRUST: .... cm

BIZEPS: .... cm

BAUCH: .... cm

OBERSCHENKEL: .... cm

WADEN: .... cm

GEWICHT: .... kg

KÖRPERFETT: .... %

NACHHER

DATUM: ....

BRUST: .... cm

BIZEPS: .... cm

BAUCH: .... cm

OBERSCHENKEL: .... cm

WADEN: .... cm

GEWICHT: .... kg

KÖRPERFETT: .... %

NOTIZEN: _____

NOTIZEN:

DATUM:		MO	DI	MI	DO	FR	SA	SO

MUSKELGRUPPE: ....

ÜBUNG:		1	2	3	4	5	6	7
	KG							
	X							
	KG							
	X							
	KG							
	X							
	KG							
	X							
	KG							
	X							
	KG							
	X							
	KG							
	X							
	KG							
	X							
	KG							
	X							
	KG							
	X							

CARDIO	DAUER	STRECKE	KCAL	PULS

TRAININGSDAUER: _____   GEWICHT: _____

TRAININGSINTENSITÄT: LEICHT ☐   MITTEL ☐ SCHWER ☐

DATUM:	MO	DI	MI	DO	FR	SA	SO
MUSKELGRUPPE:							

ÜBUNG:		1	2	3	4	5	6	7
	KG							
	X							
	KG							
	X							
	KG							
	X							
	KG							
	X							
	KG							
	X							
	KG							
	X							
	KG							
	X							
	KG							
	X							
	KG							
	X							
	KG							
	X							

CARDIO	DAUER	STRECKE	KCAL	PULS

TRAININGSDAUER: _____ GEWICHT: _____

TRAININGSINTENSITÄT: LEICHT ☐   MITTEL ☐ SCHWER ☐

DATUM:		MO	DI	MI	DO	FR	SA	SO

MUSKELGRUPPE: ....

ÜBUNG:		1	2	3	4	5	6	7
	KG							
	X							
	KG							
	X							
	KG							
	X							
	KG							
	X							
	KG							
	X							
	KG							
	X							
	KG							
	X							
	KG							
	X							
	KG							
	X							
	KG							
	X							

CARDIO	DAUER	STRECKE	KCAL	PULS

TRAININGSDAUER: _____ **GEWICHT:** _____

TRAININGSINTENSITÄT: LEICHT ☐ MITTEL ☐ SCHWER ☐

DATUM:		MO	DI	MI	DO	FR	SA	SO

MUSKELGRUPPE: ....

ÜBUNG:		1	2	3	4	5	6	7
	KG							
	X							
	KG							
	X							
	KG							
	X							
	KG							
	X							
	KG							
	X							
	KG							
	X							
	KG							
	X							
	KG							
	X							
	KG							
	X							
	KG							
	X							

CARDIO	DAUER	STRECKE	KCAL	PULS

TRAININGSDAUER: _____   GEWICHT: _____

TRAININGSINTENSITÄT: LEICHT ☐   MITTEL ☐ SCHWER ☐

DATUM:		MO	DI	MI	DO	FR	SA	SO

MUSKELGRUPPE: ....

ÜBUNG:		1	2	3	4	5	6	7
	KG							
	X							
	KG							
	X							
	KG							
	X							
	KG							
	X							
	KG							
	X							
	KG							
	X							
	KG							
	X							
	KG							
	X							
	KG							
	X							
	KG							
	X							

CARDIO	DAUER	STRECKE	KCAL	PULS

TRAININGSDAUER: _____   GEWICHT: _____

TRAININGSINTENSITÄT: LEICHT ☐   MITTEL ☐ SCHWER ☐

DATUM:	....	Mo	DI	MI	DO	FR	SA	So

MUSKELGRUPPE: ....

ÜBUNG:		1	2	3	4	5	6	7
	KG							
	X							
	KG							
	X							
	KG							
	X							
	KG							
	X							
	KG							
	X							
	KG							
	X							
	KG							
	X							
	KG							
	X							
	KG							
	X							
	KG							
	X							

CARDIO	DAUER	STRECKE	KCAL	PULS

TRAININGSDAUER: _____   GEWICHT: _____

TRAININGSINTENSITÄT: LEICHT ☐   MITTEL ☐ SCHWER ☐

DATUM:	MO	DI	MI	DO	FR	SA	SO

MUSKELGRUPPE: ....

ÜBUNG:		1	2	3	4	5	6	7
	KG							
	X							
	KG							
	X							
	KG							
	X							
	KG							
	X							
	KG							
	X							
	KG							
	X							
	KG							
	X							
	KG							
	X							
	KG							
	X							
	KG							
	X							

CARDIO	DAUER	STRECKE	KCAL	PULS

TRAININGSDAUER: _____ GEWICHT: _____

TRAININGSINTENSITÄT: LEICHT ☐ MITTEL ☐ SCHWER ☐

DATUM:				MO	DI	MI	DO	FR	SA	SO

MUSKELGRUPPE: ....

ÜBUNG:		1	2	3	4	5	6	7
	KG							
	X							
	KG							
	X							
	KG							
	X							
	KG							
	X							
	KG							
	X							
	KG							
	X							
	KG							
	X							
	KG							
	X							
	KG							
	X							
	KG							
	X							

CARDIO	DAUER	STRECKE	KCAL	PULS

TRAININGSDAUER: _____ GEWICHT: _____

TRAININGSINTENSITÄT: LEICHT ☐ MITTEL ☐ SCHWER ☐

DATUM:				MO	DI	MI	DO	FR	SA	SO

MUSKELGRUPPE: ....

ÜBUNG:		1	2	3	4	5	6	7
	KG							
	X							
	KG							
	X							
	KG							
	X							
	KG							
	X							
	KG							
	X							
	KG							
	X							
	KG							
	X							
	KG							
	X							
	KG							
	X							
	KG							
	X							

CARDIO	DAUER	STRECKE	KCAL	PULS

TRAININGSDAUER: _____   GEWICHT: _____

TRAININGSINTENSITÄT: LEICHT ☐   MITTEL ☐ SCHWER ☐

DATUM:		MO	DI	MI	DO	FR	SA	SO
MUSKELGRUPPE:								

ÜBUNG:		1	2	3	4	5	6	7
	KG							
	X							
	KG							
	X							
	KG							
	X							
	KG							
	X							
	KG							
	X							
	KG							
	X							
	KG							
	X							
	KG							
	X							
	KG							
	X							
	KG							
	X							

CARDIO	DAUER	STRECKE	KCAL	PULS

TRAININGSDAUER: _____   GEWICHT: _____

TRAININGSINTENSITÄT: LEICHT ☐   MITTEL ☐ SCHWER ☐

DATUM:		Mo	DI	MI	Do	FR	SA	So

MUSKELGRUPPE:

Übung:		1	2	3	4	5	6	7
	KG							
	X							
	KG							
	X							
	KG							
	X							
	KG							
	X							
	KG							
	X							
	KG							
	X							
	KG							
	X							
	KG							
	X							
	KG							
	X							
	KG							
	X							

Cardio	Dauer	Strecke	kcal	Puls

TRAININGSDAUER:_____ GEWICHT:_____

TRAININGSINTENSITÄT: LEICHT ☐ MITTEL ☐ SCHWER ☐

DATUM:		MO	DI	MI	DO	FR	SA	SO

MUSKELGRUPPE: ....

ÜBUNG:		1	2	3	4	5	6	7
	KG							
	X							
	KG							
	X							
	KG							
	X							
	KG							
	X							
	KG							
	X							
	KG							
	X							
	KG							
	X							
	KG							
	X							
	KG							
	X							
	KG							
	X							

CARDIO	DAUER	STRECKE	KCAL	PULS

TRAININGSDAUER: _____   GEWICHT: _____

TRAININGSINTENSITÄT: LEICHT ☐   MITTEL ☐ SCHWER ☐

DATUM:		MO	DI	MI	DO	FR	SA	SO

MUSKELGRUPPE: ....

ÜBUNG:		1	2	3	4	5	6	7
	KG							
	X							
	KG							
	X							
	KG							
	X							
	KG							
	X							
	KG							
	X							
	KG							
	X							
	KG							
	X							
	KG							
	X							
	KG							
	X							
	KG							
	X							

CARDIO	DAUER	STRECKE	KCAL	PULS

TRAININGSDAUER: _____   GEWICHT: _____

TRAININGSINTENSITÄT: LEICHT ☐   MITTEL ☐ SCHWER ☐

DATUM:				MO	DI	MI	DO	FR	SA	SO
MUSKELGRUPPE:										

ÜBUNG:		1	2	3	4	5	6	7
	KG							
	X							
	KG							
	X							
	KG							
	X							
	KG							
	X							
	KG							
	X							
	KG							
	X							
	KG							
	X							
	KG							
	X							
	KG							
	X							
	KG							
	X							

CARDIO	DAUER	STRECKE	KCAL	PULS

TRAININGSDAUER: _____ GEWICHT: _____

TRAININGSINTENSITÄT: LEICHT ☐ MITTEL ☐ SCHWER ☐

ERFOLGSKONTROLLE

ABSOLVIERTE TRAININGSTAGE: [   ]

VORHER

DATUM: ....

BRUST: .... cm

BIZEPS: .... cm

BAUCH: .... cm

OBERSCHENKEL: .... cm

WADEN: .... cm

GEWICHT: .... kg

KÖRPERFETT: .... %

NACHHER

DATUM: ....

BRUST: .... cm

BIZEPS: .... cm

BAUCH: .... cm

OBERSCHENKEL: .... cm

WADEN: .... cm

GEWICHT: .... kg

KÖRPERFETT: .... %

NOTIZEN: _____

NOTIZEN:

DATUM:			MO	DI	MI	DO	FR	SA	SO
MUSKELGRUPPE:									

ÜBUNG:		1	2	3	4	5	6	7
	KG							
	X							
	KG							
	X							
	KG							
	X							
	KG							
	X							
	KG							
	X							
	KG							
	X							
	KG							
	X							
	KG							
	X							
	KG							
	X							
	KG							
	X							

CARDIO	DAUER	STRECKE	KCAL	PULS

TRAININGSDAUER:_____ GEWICHT:_____

TRAININGSINTENSITÄT: LEICHT ☐   MITTEL ☐ SCHWER ☐

DATUM:		MO	DI	MI	DO	FR	SA	SO

MUSKELGRUPPE: ....

ÜBUNG:		1	2	3	4	5	6	7
	KG							
	X							
	KG							
	X							
	KG							
	X							
	KG							
	X							
	KG							
	X							
	KG							
	X							
	KG							
	X							
	KG							
	X							
	KG							
	X							
	KG							
	X							

CARDIO	DAUER	STRECKE	KCAL	PULS

TRAININGSDAUER: _____   GEWICHT: _____

TRAININGSINTENSITÄT: LEICHT ☐   MITTEL ☐ SCHWER ☐

DATUM:		MO	DI	MI	DO	FR	SA	SO

MUSKELGRUPPE: ....

ÜBUNG:		1	2	3	4	5	6	7
	KG							
	X							
	KG							
	X							
	KG							
	X							
	KG							
	X							
	KG							
	X							
	KG							
	X							
	KG							
	X							
	KG							
	X							
	KG							
	X							
	KG							
	X							

CARDIO	DAUER	STRECKE	KCAL	PULS

TRAININGSDAUER: _____   GEWICHT: _____

TRAININGSINTENSITÄT: LEICHT ☐   MITTEL ☐ SCHWER ☐

DATUM:	MO	DI	MI	DO	FR	SA	SO

MUSKELGRUPPE: ....

ÜBUNG:		1	2	3	4	5	6	7
	KG							
	X							
	KG							
	X							
	KG							
	X							
	KG							
	X							
	KG							
	X							
	KG							
	X							
	KG							
	X							
	KG							
	X							
	KG							
	X							
	KG							
	X							

CARDIO	DAUER	STRECKE	KCAL	PULS

TRAININGSDAUER: _____   GEWICHT: _____

TRAININGSINTENSITÄT: LEICHT ☐   MITTEL ☐ SCHWER ☐

DATUM:		Mo	DI	MI	Do	FR	SA	So

MUSKELGRUPPE:

ÜBUNG:		1	2	3	4	5	6	7
	KG							
	X							
	KG							
	X							
	KG							
	X							
	KG							
	X							
	KG							
	X							
	KG							
	X							
	KG							
	X							
	KG							
	X							
	KG							
	X							
	KG							
	X							

Cardio	Dauer	Strecke	kcal	Puls

TRAININGSDAUER: _____   GEWICHT: _____

TRAININGSINTENSITÄT: LEICHT ☐   MITTEL ☐ SCHWER ☐

DATUM:				Mo	DI	MI	DO	FR	SA	So
MUSKELGRUPPE:										

ÜBUNG:		1	2	3	4	5	6	7
	KG							
	X							
	KG							
	X							
	KG							
	X							
	KG							
	X							
	KG							
	X							
	KG							
	X							
	KG							
	X							
	KG							
	X							
	KG							
	X							
	KG							
	X							

CARDIO	DAUER	STRECKE	KCAL	PULS

TRAININGSDAUER: _____ GEWICHT: _____

TRAININGSINTENSITÄT: LEICHT ☐ MITTEL ☐ SCHWER ☐

Datum:	Mo	Di	Mi	Do	Fr	Sa	So

Muskelgruppe:

Übung:		1	2	3	4	5	6	7
	KG							
	X							
	KG							
	X							
	KG							
	X							
	KG							
	X							
	KG							
	X							
	KG							
	X							
	KG							
	X							
	KG							
	X							
	KG							
	X							
	KG							
	X							

Cardio	Dauer	Strecke	kcal	Puls

Trainingsdauer: _____ Gewicht: _____

Trainingsintensität: Leicht ☐   Mittel ☐ Schwer ☐

DATUM:				MO	DI	MI	DO	FR	SA	SO

MUSKELGRUPPE: ....

ÜBUNG:		1	2	3	4	5	6	7
	KG							
	X							
	KG							
	X							
	KG							
	X							
	KG							
	X							
	KG							
	X							
	KG							
	X							
	KG							
	X							
	KG							
	X							
	KG							
	X							
	KG							
	X							

CARDIO	DAUER	STRECKE	KCAL	PULS

TRAININGSDAUER: _____   GEWICHT: _____

TRAININGSINTENSITÄT: LEICHT ☐   MITTEL ☐ SCHWER ☐

DATUM:			MO	DI	MI	DO	FR	SA	SO

MUSKELGRUPPE:

ÜBUNG:		1	2	3	4	5	6	7
	KG							
	X							
	KG							
	X							
	KG							
	X							
	KG							
	X							
	KG							
	X							
	KG							
	X							
	KG							
	X							
	KG							
	X							
	KG							
	X							
	KG							
	X							

CARDIO	DAUER	STRECKE	KCAL	PULS

TRAININGSDAUER: _____ GEWICHT: _____

TRAININGSINTENSITÄT: LEICHT ☐ MITTEL ☐ SCHWER ☐

DATUM:		MO	DI	MI	DO	FR	SA	SO

MUSKELGRUPPE: ....

ÜBUNG:		1	2	3	4	5	6	7
	KG							
	X							
	KG							
	X							
	KG							
	X							
	KG							
	X							
	KG							
	X							
	KG							
	X							
	KG							
	X							
	KG							
	X							
	KG							
	X							
	KG							
	X							

CARDIO	DAUER	STRECKE	KCAL	PULS

TRAININGSDAUER: _____   GEWICHT: _____

TRAININGSINTENSITÄT: LEICHT ☐   MITTEL ☐ SCHWER ☐

DATUM:		MO	DI	MI	DO	FR	SA	SO

MUSKELGRUPPE: ....

ÜBUNG:		1	2	3	4	5	6	7
	KG							
	X							
	KG							
	X							
	KG							
	X							
	KG							
	X							
	KG							
	X							
	KG							
	X							
	KG							
	X							
	KG							
	X							
	KG							
	X							
	KG							
	X							

CARDIO	DAUER	STRECKE	KCAL	PULS

TRAININGSDAUER: _____   **GEWICHT:** _____

TRAININGSINTENSITÄT: LEICHT ☐   MITTEL ☐ SCHWER ☐

DATUM:			Mo	DI	MI	DO	FR	SA	So

MUSKELGRUPPE:

ÜBUNG:		1	2	3	4	5	6	7
	KG							
	X							
	KG							
	X							
	KG							
	X							
	KG							
	X							
	KG							
	X							
	KG							
	X							
	KG							
	X							
	KG							
	X							
	KG							
	X							
	KG							
	X							

CARDIO	DAUER	STRECKE	KCAL	PULS

TRAININGSDAUER: _____ GEWICHT: _____

TRAININGSINTENSITÄT: LEICHT ☐ MITTEL ☐ SCHWER ☐

Datum:	Mo	Di	Mi	Do	Fr	Sa	So
Muskelgruppe:							

Übung:		1	2	3	4	5	6	7
	KG							
	X							
	KG							
	X							
	KG							
	X							
	KG							
	X							
	KG							
	X							
	KG							
	X							
	KG							
	X							
	KG							
	X							
	KG							
	X							
	KG							
	X							

Cardio	Dauer	Strecke	KCAL	Puls

Trainingsdauer: _____   Gewicht: _____

Trainingsintensität: Leicht ☐   Mittel ☐ Schwer ☐

DATUM:		MO	DI	MI	DO	FR	SA	SO

MUSKELGRUPPE: ....

ÜBUNG:		1	2	3	4	5	6	7
	KG							
	X							
	KG							
	X							
	KG							
	X							
	KG							
	X							
	KG							
	X							
	KG							
	X							
	KG							
	X							
	KG							
	X							
	KG							
	X							
	KG							
	X							

CARDIO	DAUER	STRECKE	KCAL	PULS

TRAININGSDAUER: _____   GEWICHT: _____

TRAININGSINTENSITÄT: LEICHT ☐   MITTEL ☐ SCHWER ☐

ERFOLGSKONTROLLE

ABSOLVIERTE TRAININGSTAGE: ☐

VORHER

DATUM: ....

BRUST: .... cm

BIZEPS: .... cm

BAUCH: .... cm

OBERSCHENKEL: .... cm

WADEN: .... cm

GEWICHT: .... kg

KÖRPERFETT: .... %

NACHHER

DATUM: ....

BRUST: .... cm

BIZEPS: .... cm

BAUCH: .... cm

OBERSCHENKEL: .... cm

WADEN: .... cm

GEWICHT: .... kg

KÖRPERFETT: .... %

NOTIZEN: _____

NOTIZEN:

DATUM:	MO	DI	MI	DO	FR	SA	SO

MUSKELGRUPPE: ....

ÜBUNG:		1	2	3	4	5	6	7
	KG							
	X							
	KG							
	X							
	KG							
	X							
	KG							
	X							
	KG							
	X							
	KG							
	X							
	KG							
	X							
	KG							
	X							
	KG							
	X							
	KG							
	X							

CARDIO	DAUER	STRECKE	KCAL	PULS

TRAININGSDAUER: _____   GEWICHT: _____

TRAININGSINTENSITÄT: LEICHT ☐   MITTEL ☐ SCHWER ☐

DATUM:			MO	DI	MI	DO	FR	SA	SO

MUSKELGRUPPE: ....

ÜBUNG:		1	2	3	4	5	6	7
	KG							
	X							
	KG							
	X							
	KG							
	X							
	KG							
	X							
	KG							
	X							
	KG							
	X							
	KG							
	X							
	KG							
	X							
	KG							
	X							
	KG							
	X							

CARDIO	DAUER	STRECKE	KCAL	PULS

TRAININGSDAUER: _____   GEWICHT: _____

TRAININGSINTENSITÄT: LEICHT ☐   MITTEL ☐ SCHWER ☐

DATUM:		MO	DI	MI	DO	FR	SA	SO
MUSKELGRUPPE:								

ÜBUNG:		1	2	3	4	5	6	7
	KG							
	X							
	KG							
	X							
	KG							
	X							
	KG							
	X							
	KG							
	X							
	KG							
	X							
	KG							
	X							
	KG							
	X							
	KG							
	X							
	KG							
	X							

CARDIO	DAUER	STRECKE	KCAL	PULS

TRAININGSDAUER:_____   GEWICHT:_____

TRAININGSINTENSITÄT: LEICHT ☐   MITTEL ☐ SCHWER ☐

DATUM:		MO	DI	MI	DO	FR	SA	SO

MUSKELGRUPPE:

ÜBUNG:		1	2	3	4	5	6	7
	KG							
	X							
	KG							
	X							
	KG							
	X							
	KG							
	X							
	KG							
	X							
	KG							
	X							
	KG							
	X							
	KG							
	X							
	KG							
	X							
	KG							
	X							

CARDIO	DAUER	STRECKE	KCAL	PULS

TRAININGSDAUER: _____ GEWICHT: _____

TRAININGSINTENSITÄT: LEICHT ☐   MITTEL ☐ SCHWER ☐

DATUM:			MO	DI	MI	DO	FR	SA	SO

MUSKELGRUPPE:

ÜBUNG:		1	2	3	4	5	6	7
	KG							
	X							
	KG							
	X							
	KG							
	X							
	KG							
	X							
	KG							
	X							
	KG							
	X							
	KG							
	X							
	KG							
	X							
	KG							
	X							
	KG							
	X							

CARDIO	DAUER	STRECKE	KCAL	PULS

TRAININGSDAUER: _____ GEWICHT: _____

TRAININGSINTENSITÄT: LEICHT ☐ MITTEL ☐ SCHWER ☐

DATUM:			MO	DI	MI	DO	FR	SA	SO

MUSKELGRUPPE: ....

ÜBUNG:		1	2	3	4	5	6	7
	KG							
	X							
	KG							
	X							
	KG							
	X							
	KG							
	X							
	KG							
	X							
	KG							
	X							
	KG							
	X							
	KG							
	X							
	KG							
	X							
	KG							
	X							

CARDIO	DAUER	STRECKE	KCAL	PULS

TRAININGSDAUER: _____ **GEWICHT:** _____

TRAININGSINTENSITÄT: LEICHT ☐ MITTEL ☐ SCHWER ☐

DATUM:	MO	DI	MI	DO	FR	SA	SO

MUSKELGRUPPE:

ÜBUNG:		1	2	3	4	5	6	7
	KG							
	X							
	KG							
	X							
	KG							
	X							
	KG							
	X							
	KG							
	X							
	KG							
	X							
	KG							
	X							
	KG							
	X							
	KG							
	X							
	KG							
	X							

CARDIO	DAUER	STRECKE	KCAL	PULS

TRAININGSDAUER:_____   GEWICHT:_____

TRAININGSINTENSITÄT: LEICHT ☐   MITTEL ☐ SCHWER ☐

DATUM:	Mo	DI	MI	Do	FR	SA	So

MUSKELGRUPPE: ....

ÜBUNG:		1	2	3	4	5	6	7
	KG							
	X							
	KG							
	X							
	KG							
	X							
	KG							
	X							
	KG							
	X							
	KG							
	X							
	KG							
	X							
	KG							
	X							
	KG							
	X							
	KG							
	X							

CARDIO	DAUER	STRECKE	KCAL	PULS

TRAININGSDAUER: _____   GEWICHT: _____

TRAININGSINTENSITÄT: LEICHT ☐   MITTEL ☐ SCHWER ☐

DATUM:	MO	DI	MI	DO	FR	SA	SO
MUSKELGRUPPE:							

ÜBUNG:		1	2	3	4	5	6	7
	KG							
	X							
	KG							
	X							
	KG							
	X							
	KG							
	X							
	KG							
	X							
	KG							
	X							
	KG							
	X							
	KG							
	X							
	KG							
	X							
	KG							
	X							

CARDIO	DAUER	STRECKE	KCAL	PULS

TRAININGSDAUER: _____   GEWICHT: _____

TRAININGSINTENSITÄT: LEICHT ☐   MITTEL ☐ SCHWER ☐

DATUM:		MO	DI	MI	DO	FR	SA	SO

MUSKELGRUPPE: ....

ÜBUNG:		1	2	3	4	5	6	7
	KG							
	X							
	KG							
	X							
	KG							
	X							
	KG							
	X							
	KG							
	X							
	KG							
	X							
	KG							
	X							
	KG							
	X							
	KG							
	X							
	KG							
	X							

CARDIO	DAUER	STRECKE	KCAL	PULS

TRAININGSDAUER: _____ GEWICHT: _____

TRAININGSINTENSITÄT: LEICHT ☐ MITTEL ☐ SCHWER ☐

DATUM:		Mo	DI	MI	DO	FR	SA	SO
MUSKELGRUPPE:								

ÜBUNG:		1	2	3	4	5	6	7
	KG							
	X							
	KG							
	X							
	KG							
	X							
	KG							
	X							
	KG							
	X							
	KG							
	X							
	KG							
	X							
	KG							
	X							
	KG							
	X							
	KG							
	X							

CARDIO	DAUER	STRECKE	KCAL	PULS

TRAININGSDAUER:_____ GEWICHT:_____

TRAININGSINTENSITÄT: LEICHT☐ MITTEL ☐ SCHWER☐

DATUM:		MO	DI	MI	DO	FR	SA	SO

MUSKELGRUPPE:

ÜBUNG:		1	2	3	4	5	6	7
	KG							
	X							
	KG							
	X							
	KG							
	X							
	KG							
	X							
	KG							
	X							
	KG							
	X							
	KG							
	X							
	KG							
	X							
	KG							
	X							
	KG							
	X							

CARDIO	DAUER	STRECKE	KCAL	PULS

TRAININGSDAUER:_____ GEWICHT:_____

TRAININGSINTENSITÄT: LEICHT ☐   MITTEL ☐ SCHWER ☐

DATUM:			MO	DI	MI	DO	FR	SA	SO

MUSKELGRUPPE: ....

ÜBUNG:		1	2	3	4	5	6	7
	KG							
	X							
	KG							
	X							
	KG							
	X							
	KG							
	X							
	KG							
	X							
	KG							
	X							
	KG							
	X							
	KG							
	X							
	KG							
	X							
	KG							
	X							

CARDIO	DAUER	STRECKE	KCAL	PULS

TRAININGSDAUER: _____   GEWICHT: _____

TRAININGSINTENSITÄT: LEICHT ☐   MITTEL ☐ SCHWER ☐

DATUM:		Mo	DI	MI	DO	FR	SA	So

MUSKELGRUPPE: ....

ÜBUNG:		1	2	3	4	5	6	7
	KG							
	X							
	KG							
	X							
	KG							
	X							
	KG							
	X							
	KG							
	X							
	KG							
	X							
	KG							
	X							
	KG							
	X							
	KG							
	X							
	KG							
	X							

CARDIO	DAUER	STRECKE	KCAL	PULS

TRAININGSDAUER: _____ GEWICHT: _____

TRAININGSINTENSITÄT: LEICHT ☐ MITTEL ☐ SCHWER ☐

ERFOLGSKONTROLLE

ABSOLVIERTE TRAININGSTAGE: [   ]

VORHER

DATUM: ....

BRUST: .... cm

BIZEPS: .... cm

BAUCH: .... cm

OBERSCHENKEL: .... cm

WADEN: .... cm

GEWICHT: .... kg

KÖRPERFETT: .... %

NACHHER

DATUM: ....

BRUST: .... cm

BIZEPS: .... cm

BAUCH: .... cm

OBERSCHENKEL: .... cm

WADEN: .... cm

GEWICHT: .... kg

KÖRPERFETT: .... %

NOTIZEN: _____

NOTIZEN:

NOTIZEN:

NOTIZEN:

NOTIZEN:

NOTIZEN:

_____

_____

_____

_____

_____

_____

_____

_____

_____

_____

_____

_____

_____

_____

_____

_____

_____

_____

_____

NOTIZEN:

NOTIZEN:

NOTIZEN:

NOTIZEN:

NOTIZEN:

NOTIZEN:

NOTIZEN:

NOTIZEN:

NOTIZEN:

_____
_____
_____
_____
_____
_____
_____
_____
_____
_____
_____
_____
_____
_____
_____
_____
_____
_____
_____
_____

NOTIZEN:

_____

_____

_____

_____

_____

_____

_____

_____

_____

_____

_____

_____

_____

_____

_____

_____

_____

_____

NOTIZEN:

NOTIZEN:

NOTIZEN:

NOTIZEN:

Impressum:
Dirk Zavelberg
Ahrstr.5
53505 Kirchsahr
dirkzavelberg@gmx.de